MARCELLO GAGLIANI CAPUTO

UNIVERSAL MONSTERS
L'epopea dei mostri in bianco e nero

«Spero mi scuserete se non mi unisco a voi, ma ho già
cenato e non bevo mai... vino.»
Dracula, Todd Browning, 1931

6

INDICE

PREFAZIONE
di Nicola Lombardi

Una cosa è certa: basta accostare due semplici vocaboli, *Universal* e *Monsters*, per spalancare con immancabile subitaneità un immane scrigno mentale in cui memorie, paure e fantasie albergano e convivono, appena al di sotto della soglia delle nostre percezioni quotidiane. Dalle ribollenti nebbie che infestano il gran calderone culturale occidentale - saturo di simboli, segni e archetipi – ecco emergere con prepotenza volti, maschere, suggestioni. Nessuno è immune, nessuno può restare indifferente: quando dalle tenebre di un passato fatto di ombre e di celluloide emergono *loro*, ecco che qualcosa scatta, dentro di noi, e li riconosciamo. Non possiamo farne a meno. E non si tratta più di prendere in considerazione i singoli attori o i singoli personaggi a cui questi hanno dato volto, voce, anima: Karloff/Creatura di Frankenstein, Lugosi/Dracula, Chaney Jr./Uomo Lupo... Si tratta invece di affrontare alcune fra le più mitiche, perduranti, immarcescibili Figure che il XX secolo sia riuscito a partorire, Mostri che hanno attraversato il tempo scavandosi un solco duraturo negli incubi di generazioni, riassumendo e prefigurando tutti gli Orrori che l'umanità non ha mai cessato di incontrare.

Il ben noto e discusso connubio cinema-sogno-inconscio trova dei gloriosi film dell'orrore della Universal la sua più lampante dimostrazione. Nonostante gli anni e gli eventi che ci separano – noi, perplessi pionieri del Terzo Millennio – dai tempi in cui questi esseri in bianco e nero hanno cominciato a sfarfallare sopra i pallidi teli delle sale cinematografiche, essi ci sono più vicini che mai. Vuoi perché la macchina culturale li ha adottati con slancio, macinati e riproposti in mille maniere; vuoi perché la nostra memoria, individuale e collettiva, li ha assorbiti e interiorizzati in maniera indelebile; o vuoi perché con i loro volti emaciati, fascinosi o tormentati rappresentano gli inconoscibili strati della nostra identità, la sostanza non cambia: gli Universal Monsters sono tra noi, sono *in* noi.

E quasi quasi, senza tema di esagerare, potremmo anche dire che *siamo noi*.

GLI INIZI

Quando non esistevano ancora gli effetti speciali, la computer grafica, il blu-ray e il 3D, fare paura al cinema era impresa ardua. Ci si doveva spesso affidare all'immaginazione e alla creatività di registi e scenografi che dal nulla tiravano fuori invenzioni in grado di costruire situazioni talmente inquietanti e suggestive da spingere gli spettatori a scappare via dalle sale. I primi a riuscirci furono, nel 1896, i fratelli Lumière che, con *L'arrivo di un treno alla stazione di La Ciotat* (*L'arrivée d'un train en gare de La Ciotat*),

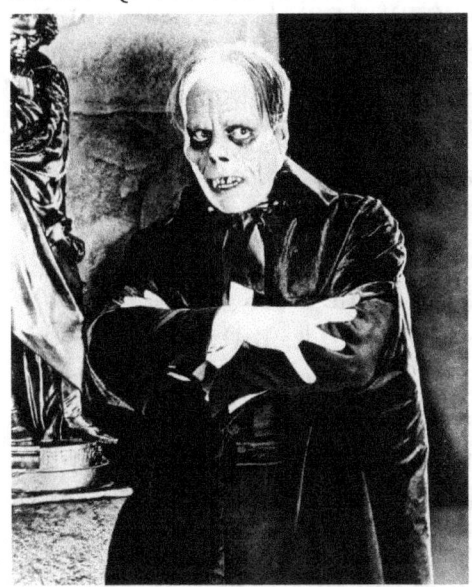

scatenarono il panico tra il pubblico, anticipando di un anno soltanto il film che ancora oggi viene considerato il primo horror cinematografico: *Le manoir du diable* di Georges Méliès. Il cortometraggio, della durata di tre minuti, fu proiettato la vigilia di Natale del 1897 nel teatro parigino Robert Houdin e mostrò per la prima volta un vampiro. Fin dalle origini, l'horror esercitò, quindi, un certo *appeal* nei confronti dei cineasti, tanto che i primi mostri apparvero già nel secondo decennio del nuovo secolo: nel 1915 Paul Wegener girò *Il Golem*

(*Der Golem*), nel 1919 fu la volta di *Il Gabinetto del dottor Caligari* di Robert Wiene (*Das Cabinet des Dr. Caligari*), mentre nel 1922 arrivò la prima trasposizione cinematografica (non ufficiale) del *Dracula* di Bram Stoker a opera di Frederich Wilhem Murnau: *Nosferatu il vampiro* (*Nosferatu, eine Symphonie des Grauens*). La definitiva affermazione del genere non tardò ad arrivare, grazie soprattutto alla casa di produzione americana Universal che dettò legge per oltre un decennio, impegnandosi «più profondamente e più a lungo delle altre case produttrici»[1] e fondando «i "miti" su cui l'horror ancora oggi si basa»[2].

Dopo la fondazione, avvenuta nel 1912 per mano dell'immigrato tedesco Carl Laemmle (1867-1939), la Universal si specializzò subito in pellicole horror, "debuttando" nel 1925 con la trasposizione cinematografica del romanzo di Gaston Leroux, **Il Fantasma dell'Opera** (*The Phantom of the Opera*, Rupert Julian), in cui lo spaventoso personaggio di Erik, musicista geniale ma deforme che vive nascosto nei sotterranei dell'Opera di Parigi, fu interpretato da Lon Chaney. A ragione, il film viene ancora oggi considerato una delle migliori trasposizioni del romanzo, grazie soprattutto alla fedeltà con cui gli sceneggiatori Elliot J. Clawson e Raymond L. Schrock seguirono la storia scritta, e alla straordinaria capacità del regista di creare un universo misterioso e oscuro dove vengono evocate suggestive atmosfere gotiche in cui l'orrore si mescola volentieri con il romanticismo. Uscito nelle sale il 6 settembre del 1925 e girato con appena mezzo milione di dollari, il film è muto, ma straordinariamente ricco di atmosfera e pathos, tanto da rappresentare l'inizio di una storia lunga e leggendaria che ha portato la grande casa di produzione americana a divenire l'icona stessa del cinema horror.

Lon Chaney è un mostro che trova sicuramente ispirazione nel *Nosferatu* di Murnau (dorme in una bara), ma che va oltre, rappresentando sul grande schermo l'idea di un uomo reietto dalla società che impazzisce e decide di esiliarsi nei sotterranei di un teatro, un luogo migliore rispetto alle prigioni e alle camere di tortura in cui ha passato la maggior parte della sua vita. La sua ossessione per Christine riflette il desiderio inconscio, ma neanche tanto, di riconquistare un po' della gioia di vivere che gli è stata tolta da un mondo che lo ha emarginato e l'interpretazione di Chaney fa perno quasi interamente sul linguaggio del corpo. Più che il suo viso sfigurato e parzialmente coperto, infatti, sono i suoi gesti a esternare il suo disagio, come quando indica con le mani il luogo in cui dorme, con un movimento languido che trasmette grande tristezza e malinconia.

DRACULA E I SUOI EPIGONI

Soltanto sei anni più tardi, infatti, l'Universal imboccò decisa la strada del cinema di genere, investendo ben 400.000 dollari in un rifacimento del ***Dracula*** di Bram Stoker, e scegliendo come protagonista il misterioso attore ungherese Bela Blasko, che sostituì Lon Chaney a cui era stato originariamente offerto il ruolo, ma che era morto nel 1930. Bela Blasko adottò lo pseudonimo di Bela Lugosi

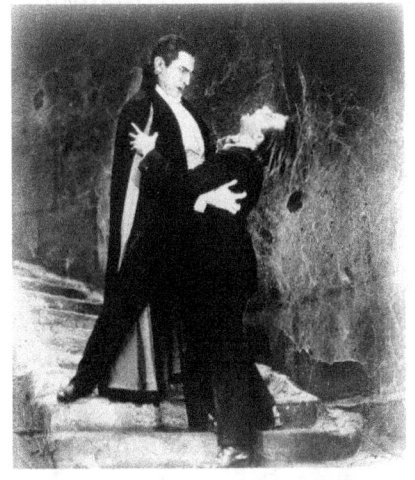

in onore di Lugos, suo paese natale, e la straordinaria interpretazione rese immortale il vampiro più famoso della storia: frac, camicia candida dai bottoncini di madreperla, fazzoletto che spunta bianco e delicato dal taschino e papillon stretto attorno al collo, fecero di Dracula un personaggio affascinante e irresistibile, mentre «[...] l'interpretazione magnetica di Lugosi, lo sguardo ipnotico dei suoi grandi occhi, i movimenti ondeggianti delle sue belle mani, il fascino decadente, la strana pronuncia dell'inglese dettero al Conte Dracula quell'alone mitteleuropeo che gli serviva per incidersi in profondità nell'immaginario popolare. [...]»[3] L'operazione della Universal fu talmente "in grande" che simultaneamente alla versione con Bela Lugosi, ne fu girata una in spagnolo in cui il re dei vampiri fu interpretato da Carlos Villar. Nonostante tradisca l'origine teatrale, il film di Browning «[...] mantiene ancora un fascino che va al di là del mero valore storico, grazie ad alcune meraviglie scenografiche e d'atmosfera, come l'arrivo al castello, con la famosa discesa dalla scalinata del conte tra enormi ragnatele, in un'atmosfera gotica e sinistra che avrebbe fatto scuola [...]»[4] e rappresentò l'inizio di un ciclo che durò oltre venti anni e che trasformò l'Universal Film in una vera e propria fucina di horror, ma che ne fece soprattutto lo spartiacque tra il cinema muto e quello sonoro. Nella pellicola di Browning sono, infatti, presenti elementi che lo legano sia all'uno che all'altro: da un lato siamo di fronte a un film di chiara ispirazione espressionista, grazie soprattutto alla tecnica della macchina da presa mobile che segue i personaggi e li porta fin dentro la casa dello spettatore, dall'altro ci sono ancora lunghe sequenze "silenziose" in cui il personaggio del vampiro domina la scena con la sua sola presenza.

Visto il clamoroso successo del film, i produttori della Universal decisero di girare alcuni seguiti e il primo fu **La Figlia di Dracula** (*Dracula's Daughter*, Lambert Hillyer, 1936) in cui l'attrice Gloria Holden è la Contessa Marya Zaleska, la figlia di Dracula, che nel tentativo di "guarire" dal vampirismo trasmessole dal padre, finirà per morire. Il film di Hillyer fu l'ultimo prodotto da Carl Laemmle ed «[...] ebbe una gestazione lunga e difficile finendo col costare 278.000 dollari, una cifra inusitata per un film horror dell'epoca. [...]»[5] Scritta da Garrett Fort, la pellicola «[...] trae giovamento da una certa imprevedibilità, fuori dalle formule, puntando dapprima sul mystery e abbracciando solo nel finale – in Transilvania – gli archetipi dell'horror [...]»[6] e, a dispetto del suo predecessore, si concentra sul lato psicologico del vampirismo, piuttosto che su quello soprannaturale. I vampiri di Hillyer sono molto diversi dal Bela Lugosi del 1931: la contessa cerca perfino di liberarsi dalla maledizione ereditata dal padre, ricorrendo anche al trattamento psichiatrico del dottor Garth. Sotto questo punto di vista, Gloria Holden interpreta un personaggio molto tormentato, diviso tra il "dovere" di

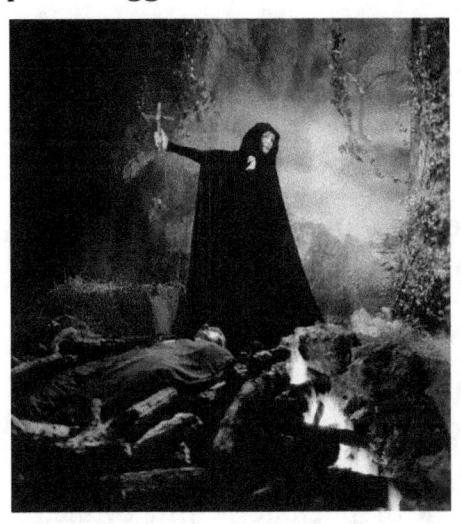

onorare la sua eredità e la voglia di liberarsi dalla maledizione, combattuta tra la promessa di salvezza da parte del dottor Garth, e le tentazioni del lato oscuro incarnato dal suo servo Sandor (interpretato magistralmente da Irving Pichel). Il film riscosse grande clamore anche perché, per la prima volta, comparve il lato saffico del vampirismo – in una scena la contessa giace nel letto insieme a una giovane ragazza attirata in casa da Sandor -, ma rimase saldamente legato alla tradizione del genere, visto che le intenzioni di Zaleska erano soltanto quelle di utilizzare la ragazza per tendere una trappola a Garth.

Nel 1943 fu, invece, la volta di *Il Figlio di Dracula* (*Son of Dracula*, Robert Siodmak) in cui Lon Chaney Jr. interpreta il Conte Alucard (Dracula scritto al contrario), vampiro che porta scompiglio e morte nella Louisiana. Sceneggiato da Eric Taylor, il film «[...] inizia in modo banale, ma si arricchisce ben presto di sviluppi particolari e originali quando si chiarisce che Dracula è, in questo caso, mero strumento della morbosa ansia di vita eterna di Kay, vera protagonista del film, audace e spregiudicata. [...]»[7] La pellicola di Siodmak passò, però, alla storia soprattutto per le intemperanze di cui fu protagonista Chaney Jr. che, «[...] notoriamente amante degli scherzi e soprattutto della bottiglia, scivolò alle spalle del regista e gli fracassò a sorprese un enorme vaso in testa. [...]»[8] Nella sua interpretazione, l'attore americano, peraltro, propose una caratterizzazione molto diversa del vampiro rispetto a quella a cui ci aveva abituato la Universal, e provò a conferirgli un risvolto patetico, come aveva già fatto, due anni prima, con l'uomo lupo. Il suo Dracula, «[...] per quanto minaccioso e quasi onnipresente, [...] all'occorrenza non si vergogna [...] di esibire un fondo di vulnerabilità anche piuttosto calcato: si veda la scena in cui Frank brucia la sua bara, quando il gelido contegno del non-morto lascia d'un tratto spazio al panico e alla disperazione più totale. [...]»[9]

LA CREATURA DI FRANKENSTEIN

Spinto dallo straordinario successo di pubblico, il filone dei mostri divenne subito un vero e proprio fenomeno cinematografico (e di massa), tanto che l'Universal decise di trasporre al cinema un altro grandissimo classico della letteratura mondiale, il *Frankenstein* di Mary Shelley. Nonostante da più parti

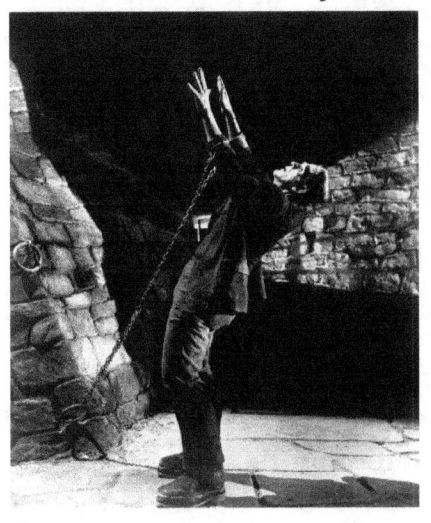

si acclamasse all'ormai lanciatissimo Bela Lugosi per la Creatura, l'attore ungherese rifiutò, perché il personaggio non gli avrebbe permesso di esprimere le qualità che ne avevano sancito il successo in *Dracula*, costringendo così la casa di produzione americana a optare per un altro "esordiente", l'inglese Boris Karloff, l'attore con la "lisca" che, destinato a una carriera da diplomatico, scelse di abbandonare famiglia e paese natale per tentare la fortuna nel cinema. Il risultato fu «[...] un film straordinariamente lugubre, fin troppo essenziale nella sua semplicità, con forti richiami espressionisti nelle scenografie di Charles D. Hall e un impianto drammatico che ne tradisce qua e là le origini teatrali [...]»[10], ma passò alla storia soprattutto per l'interpretazione di Karloff, forse ancora più significativa di quella di Lugosi: la fronte quadrata, le palpebre cadenti sui globi oculari dalle occhiaie marcate, le labbra nere, gli elettrodi sul collo e le cicatrici su tutto il viso, resero la Creatura un personaggio storico, un'icona ancora oggi insuperata. Ciò che però fece di *Frankenstein* un'opera per molti versi ancora più importante di *Dracula*, fu il lavoro del regista James Whale che «[...] pur semplificando molto la linea narrativa del romanzo di Mary Shelley, e riducendo il mostro a un essere mugolante, [...] costruisce uno spettacolo sontuoso, raffinatissimo e molto cinematografico, laddove il film di Browning era insolitamente statico e teatrale. [...]»[11]

Come avvenne per Dracula, anche per il personaggio partorito dalla fantasia di Mary Shelley si aprirono immediatamente ulteriori strade di successo che l'Universal non si lasciò sfuggire, producendo già nel 1935 ***La moglie di Frankenstein*** (*Bride of Frankenstein*, James Whale), ideale seguito del primo film, in cui il dottor Henry Frankenstein, scampato all'incendio del mulino alla fine del primo capitolo, è costretto a riprendere gli esperimenti e a dare vita questa volta a una Creatura femminile. Con questo capolavoro siamo di fronte al raro caso in cui un sequel supera l'originale, grazie soprattutto alla scelta di Whale e degli sceneggiatori William Hurlbut e John L. Balderston di spostare «[...] l'attenzione dallo scienziato al mostro, ponendo al centro del film il suo dramma di essere condannato a una disperata solitudine, cosciente dell'impossibilità di autentici rapporti con gli altri esseri umani. [...]»[12] Facendo sgorgare in tutta la sua potenza la vena di umorismo nero soltanto accennato nel primo capitolo, Whale gira un film in cui «[...] i cimiteriali silenzi dell'originale lasciano il posto al torrenziale commento musicale di

Franz Waxman, i monumentali set mantengono la dimensione espressionista ma si colorano di sfumature barocche e visionarie, la recitazione degli interpreti - Ernest Thesiger in testa – diventa eccessiva, ammiccante: alla lividezza del primo film subentra un'orgia di humour nero, di battute grottesche, di personaggi surreali. [...]»[13] Whale riesce a dare al suo lavoro una «[...] incredibile ricchezza visuale e superlativa finezza narrativa, costellata di tocchi di genio – il momento sublime in cui Pretorius mostra le sue creaturine a Frankenstein – e di sequenze toccanti e psicologicamente profonde, come quella, ormai proverbiale, dell'incontro tra il mostro e l'eremita cieco e l'amicizia disinteressata che ne scaturisce. [...]»[14]

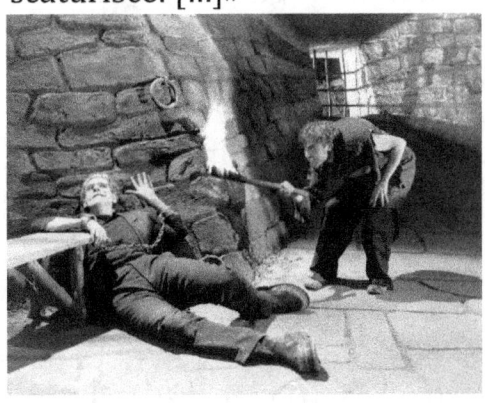

Quattro anni più tardi fu la volta di *Il figlio di Frankenstein* (*Son of Frankenstein*, Rowland V. Lee, 1939), ultimo film della serie che Boris Karloff accettò di girare e che vide come protagonista il figlio di Henry Frankenstein, Wolf, che tornato nel castello del padre per riprendere gli esperimenti, morirà per mano della stessa Creatura manovrata dal perfido servo Ygor (Bela Lugosi) in cerca di vendetta. Riprendendo i toni esasperati e grotteschi di Whale, il nuovo regista esaspera «[...] l'atmosfera onirica de *La moglie di Frankenstein* grazie agli stupefacenti set espressionisti di Jack Otterson, e definendo una volta per tutte quella *no man's land* dell'immaginario – una immaginaria e anacronistica Mitteleuropea nella quale gli impiccati appesi ai crocicchi convivono con automobili, telefoni e servi della gleba in costume tirolese – che tanto caratterizza la produzione fantastica Universal del decennio 1930-1940. [...]»[15] Nonostante l'assenza di legami diretti con *La moglie di Frankenstein*, che viene bypassato per tornare direttamente al primo capitolo della saga, *Il figlio di Frankenstein*, scritto da Willis Cooper, è «[...] un film ampiamente godibile, [...] popolato da caratteri interessanti, come l'ispettore con il braccio artificiale interpretato con bonomia da Lionel Atwill e l'Ygor di Bela Lugosi, vero motore del film. [...]»[16]

Nonostante il rifiuto di Karloff di girare altri film della serie, la saga di Frankenstein non si fermò e l'attore inglese fu sostituito da Lon Chaney Jr. in **Il Terrore di Frankenstein** (*The Ghost of Frankenstein*, Erle C. Klenton, 1942), in cui Ygor (interpretato sempre da Bela Lugosi) riporta in vita la Creatura chiedendo poi aiuto all'altro figlio di Henry Frankenstein, Ludwig, per (apparentemente) porre rimedio agli errori del genitore. Seppur orfano di Boris Karloff, il film, sceneggiato da Scott Darling, è «[...] un onesto spettacolo di mostri e scienziati pazzi [...]»[17] che «[...] ha una sua validità e si muove a passo spedito lungo un percorso prevedibile nel quale è di nuovo figura centrale l'Ygor di Bela Lugosi. [...]»[18]

Questo goffo tentativo di rinverdire un prodotto ormai arrivato a conclusione (nel precedente film la Creatura moriva cadendo in un pozzo di zolfo bollente) è un'evidente dimostrazione che le idee cominciavano a scarseggiare, costringendo Scott Darling (autore della sceneggiatura) a virare verso i B-movie con un film a tratti surreale, tenuto in piedi dalle sue star, Lon Chaney Jr. e Bela Lugosi. Il primo, impegnato contemporaneamente sul set de *L'uomo lupo*, cercò di seguire le orme di Boris Karloff e riuscì nel tentativo di trasmettere quella ingenua tenerezza caratteristica della Creatura, senza sminuire, nello

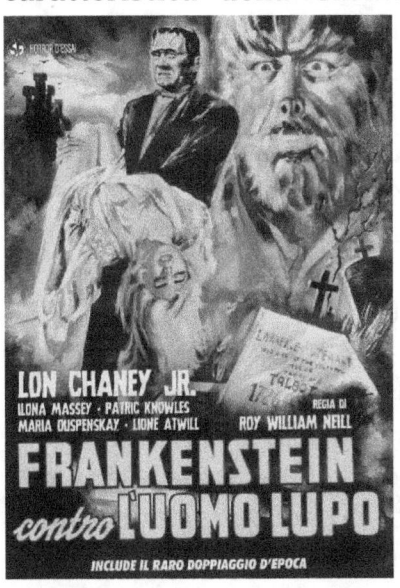

stesso tempo, la natura violenta del mostro. A differenza del suo predecessore, perciò, Chaney Jr. umanizzò maggiormente la Creatura, abbandonando i peculiari grugniti che la accompagnavano in ogni sua espressione per farne quasi un vendicatore alla Michael Myers della saga *Halloween*. Bela Lugosi, invece, riuscì addirittura a resuscitare l'assistente gobbo Ygor, ucciso alla fine de *Il figlio di Frankenstein*, riproponendo un personaggio mutilato e sempre più terrificante.

L'anno seguente uscì nelle sale **Frankenstein contro l'Uomo Lupo** (*Frankenstein Meets the Wolf Man*, Roy William Neill, 1943) in cui Bela Lugosi finalmente realizzò il suo sogno di interpretare la Creatura. Riportato in vita accidentalmente da alcuni profanatori di tombe, Larry Talbot decide di rivolgersi al dottor Frankenstein nella speranza che questi possa guarirlo dalla maledizione che lo perseguita. Arrivato al castello, però, scopre che lo scienziato è morto e rovistando tra i suoi diari alla ricerca dell'antidoto, decide di risvegliare la Creatura conservata nel ghiaccio, scatenando una nuova caccia al mostro. Tra di loro, anche Elsa, la figlia di Frankenstein, che rimetterà in funzione il vecchio laboratorio del padre.

Il film è ricordato soprattutto perché fu il primo in cui i mostri Universal si incontrarono e il regista girò in modo dinamico e veloce, confermando la sua straordinaria capacità di creare atmosfere macabre (suoi anche molti dei film in cui Basil Rathbone veste i panni di Sherlock Holmes). L'interpretazione mediocre di Lugosi, molto più teatrale e priva dell'umanità che Karloff era stato in grado di dare alla sua Creatura, danneggiò, però, l'intera struttura della pellicola, già abbastanza surreale e poco credibile. La costretta cecità del personaggio, eredità del film precedente, penalizzò l'attore di origini ungheresi, a cui, peraltro, in fase di montaggio, furono cancellate varie scene e tante battute. Nel complesso la pellicola, pur non possedendo la magia dei migliori horror Universal, «[...] ha molte qualità spettacolari e un look straordinario. [...]»[19]In fase di critica, allora, fu azzardato perfino un parallelismo tra il film e la guerra, in cui la Visaria, regione in cui è ambientata la storia, «[...] sarebbe una chiara allusione alla Germania e la rediviva creatura di Frankenstein simboleggerebbe il riaffiorare delle mai sopite spinte irrazionalistiche e violente del nazionalismo. [...]»[20]

Frankenstein contro l'Uomo Lupo fu l'ultimo che Bela Lugosi girò con la Universal, così come per Dwight Frye che tornò nel ruolo di Rudy prima di morire di infarto, pochi mesi dopo.

Nel 1944 fu la volta di **Al di là del mistero** (*House of Frankenstein*, Erle C. Klenton), in cui il dottor Niemann (Karloff) evade insieme al gobbo Daniel, a cui ha promesso un nuovo corpo, e organizza la sua vendetta contro chi lo ha costretto a quindici anni di prigionia. Per portarla a termine, il dottore risveglierà tutti i

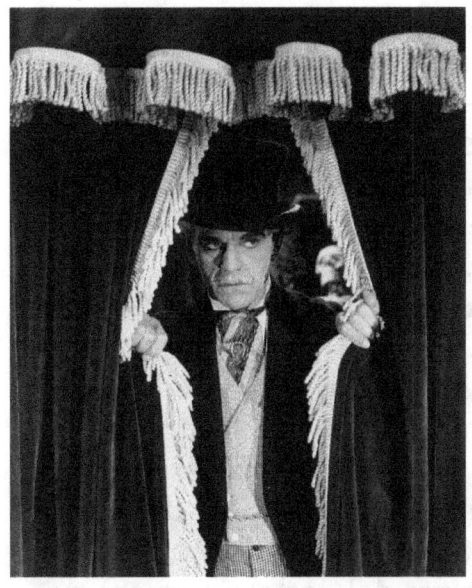

mostri, dal conte Dracula all'Uomo Lupo fino alla Creatura di Frankenstein. Il progetto di Klenton sarebbe dovuto essere ancora più ambizioso, con la presenza anche dell'Uomo invisibile e della Mummia, in una sorta di esaltante *reunion* finale di tutti i personaggi storici, ma le restrittive leggi di guerra non permisero alla produzione di mettere in piedi la struttura necessaria (soprattutto per il make-up dei mostri), costringendo, così, il regista ad accontentarsi delle maschere di Karloff e Chaney Jr.

Come per *Frankenstein contro l'Uomo Lupo*, anche in *Al di là del mistero* «[...] la logica narrativa è latitante, finalizzata a un *all together* che garantisce un parossistico divertimento a passo sfrenato, lasciando comunque il tempo per i problemi esistenziali di Larry Talbot e per le amare pene d'amore del gobbo Daniel, reso tragico da una sensibile interpretazione di J. Carroll Naish (il cui ultimo sarebbe stato, nel '71, proprio quello del dottor Frankenstein nel *no-budget Dracula vs Frankenstein* di Al Adamson, coincidentalmente anche l'ultimo ruolo di Lon Chaney Jr.). [...]»[21] Nonostante ciò, il film non è privo di momenti suggestivi, soprattutto nel finale, quando la Creatura affonda nella palude, e rappresenta una sorta di confine tra il vecchio e il nuovo horror Universal, grazie alla presenza, contemporanea, di due delle star che avevano fatto la fortuna della casa di produzione (Karloff e Atwill) e di due attori emergenti come John Carradine e Lon Chaney Jr.

Nel 1945 il ciclo si chiuse con **La casa degli orrori** (*House of Dracula*, Erle C. Klenton), dove, ancora una volta, sono presenti tutti i mostri dell'Universal: il conte Dracula (John Carradine) e l'uomo lupo Larry Talbot (Lon Chaney Jr.) si rivolgono al professor Franz Edelmann (Onslow Stevens) nella speranza di curare le proprie malattie, ma quando il vampiro si troverà di fronte l'affascinante assistente del dottore, tornerà sui suoi passi, contagiando Edelmann. Il medico, però, farà in tempo a ucciderlo prima di trasformarsi anche lui in un mostro e riuscirà a guarire Talbot e a rianimare l'immortale creatura di Frankenstein, utilizzandola per i suoi crimini. Alla fine, sarà Larry Talbot a porre fine alla vita di Edelman e a far bruciare tra le fiamme del laboratorio il mostro di Frankenstein.

Klenton, su sceneggiatura di Edward T. Lowe Jr., abbandona «[...] ogni tentativo di dare logica alla *continuity* [...] in favore del puro piacere di unire i mostri classici in un'altra kermesse parossistica che, rispetto all'episodio precedente, si limita a sostituire un gobbo con una gobba, la buona infermiera che spera di tornare normale. [...]»[22] La sceneggiatura, però, manca di originalità e si rivela prevedibile e poco emozionante, salvo per alcuni rari momenti e per l'ultimo, splendido, trucco di Jack Pierce su l'Uomo Lupo.

Come ogni saga che si rispetti, anche *Frankenstein* finì nella allegra giostra delle parodie e così nel 1948 Gianni e Pinotto (negli Stati Uniti conosciuti come Abbott e Costello) furono i protagonisti di *Il cervello di Frankenstein* (*Abbott and Costello Meet Frankenstein*, Charles Batton), in cui Chick e Wilbur (Gianni e Pinotto) recapitano alla "Casa degli orrori" due casse contenenti i corpi del conte Dracula (Bela Lugosi) e della Creatura di Frankenstein (Glenn Strange), senza però sapere che il vampiro è ancora vivo e ha intenzione di trapiantare un nuovo cervello nel mostro con la complicità della dottoressa Sandra Mornay

(Lénore Aubert). La dottoressa viene, però, scoperta da una investigatrice e quando decide di rinunciare al piano, viene vampirizzata dal conte che la costringe a procedere. In suo aiuto arriva Larry Talbot, che da tempo insegue Dracula con l'intenzione di ucciderlo e permette a Wilbur e Chick di scappare a bordo di una barca su cui, però, è salito anche l'Uomo Invisibile.

Nonostante i due attori fossero ormai in parabola discendente e le loro gag cominciassero a risentire del tempo e di una certa ripetitività, «[...] *Il cervello di Frankenstein* è, tra le parodie dei mostri della Universal, quella che ancora regge meglio a distanza di tempo [...]»[23], grazie soprattutto alle memorabili interpretazioni di Bela Lugosi e Lon Chaney Jr. e all'accuratezza di effetti speciali e trucco.

IL CICLO DELLA MUMMIA

Terminata l'ispirazione letteraria, la fucina orrorifica della Universal non si fermò e prendendo spunto dalla storica apertura della tomba di Tutankhamon avvenuta nel 1922, la casa di produzione portò sul grande schermo la leggenda di *La mummia* (*The Mummy*, Karl Freund, 1932) in cui il protagonista è ancora una volta Boris Karloff nei panni del sacerdote Im-Ho-Tep, mummia risvegliata da un'antica maledizione scritta su una pergamena. Su

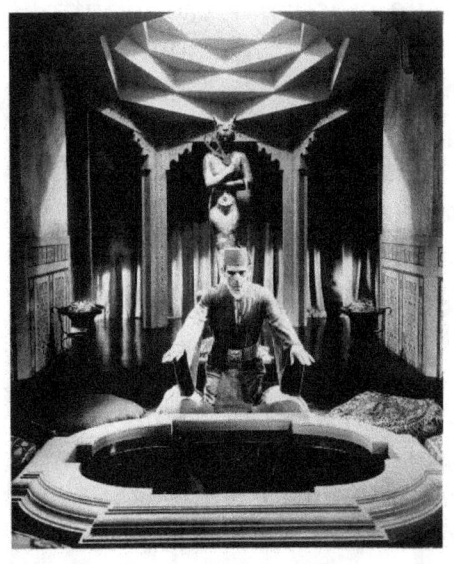

sceneggiatura di John L. Balderston, il regista, già direttore della fotografia del *Dracula* di Browning, si ispirò all'espressionismo tedesco e arricchì il film di una particolare atmosfera macabra, privilegiando «[...] la suggestione visiva rispetto al dialogo, con un risultato più vicino alla fantasia onirica e a quello che viene definito "un horror poetico". [...]»[24] Il protagonista assoluto è Boris Karloff che ancora una volta, dopo *Frankenstein*, creò una maschera indimenticabile, dando «[...] ad Adam Bey un'imperiosità e un'autorevolezza che lo caratterizzano come una delle grandi figure "negative" della storia dell'horror. Il perfetto trucco di Jack Pierce aiuta Karloff a invecchiare in modo efficace, dandogli un tono da mummia vivente anche in assenza delle bende, che diventeranno tradizionalmente il *trademark* della mummia cinematografica. [...]»[25] Uscito nelle sale cinematografiche il 22 settembre del 1932 (in Italia arrivò il 7 novembre del 1933), il film costò circa 196.000 dollari, fu girato in sei settimane e fu subito paragonato con il *Dracula* di Browning dell'anno prima, con cui condivideva la straordinaria atmosfera, creata soprattutto dalle splendide e suggestive scenografie. Come per il film con Bela Lugosi, anche *La mummia* trova la sua completa realizzazione orrorifica nel suo mostro, fulcro di tutto ciò che la pellicola vuole trasmettere allo spettatore, ma rispetto al pallore caratteristico del volto del Dracula di Lugosi, messo spesso in secondo piano dal costume e dall'acconciatura, il personaggio interpretato da Karloff è molto più ricco di dettagli, i suoi movimenti e le sue espressioni riportano, inevitabilmente, alla Creatura di Frankenstein, rendendo Imhotep l'ennesima straordinaria maschera cinematografica.

Come ormai abitudine, anche questa pellicola ebbe talmente successo che inaugurò un nuovo ciclo di film: nel 1940 fu girato **La mano della mummia** (*The Mummy's Hand*, Christy Cabanne) in cui si raccontano le avventure di un gruppo di esploratori sulle tracce della tomba della principessa Ananka. Il gruppo non sa, però, che sulla tomba veglia la mummia vivente Kharis (Tom Tyler), risvegliata dall'alto sacerdote del culto di Karnak Andoheb (George Zucco). Nonostante nelle intenzioni degli autori (Griffin Jay e Maxwell Shane) e della regista il film sarebbe dovuto essere il seguito di *La mummia* (furono riciclate anche diverse scene del film del 1932), il risultato se ne discosta parecchio soprattutto per l'assenza dell'atmosfera macabra della pellicola di Freund e la maggiore presenza di effetti *pulp*. Rispetto al suo predecessore, Cabanne mira più a sorprendere lo spettatore con un B-movie a tutti gli effetti, in cui l'orrore si mescola spesso con la comicità, cosicché l'inquietante e spietata mummia karloffiana viene sostituita da una creatura più goffa che semina il panico tra gli archeologi.

Il film inaugurò il cosiddetto "ciclo di Kharis" che

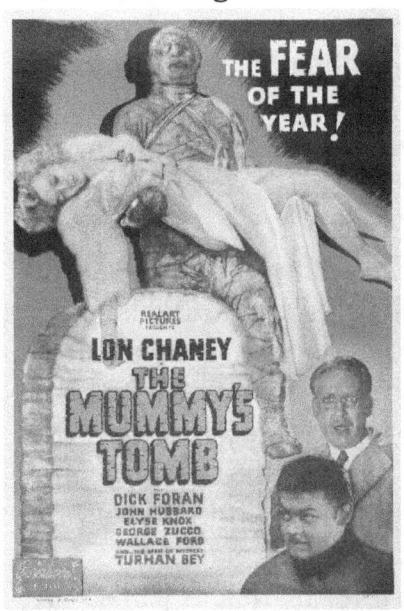

proseguì, due anni più tardi, con **La tomba della mummia** (*The Mummy's Tomb*, Harold Young), in cui Lon Chaney Jr. esordisce nei panni della mummia. Il protagonista è sempre Andoheb (George Zucco) che, ormai vecchio, prova a trasmettere il suo sapere al giovane e volenteroso Mehemet Bey (Turhan Bey) a cui affida il compito di trasportare la mummia a Mapleton, nel Massachussets, per vendicarsi dei componenti della spedizione che nel precedente film avevano dato la caccia alla tomba della principessa Ananka. Senza particolari pretese, gli sceneggiatori Griffin Jay e Henry Sucher e i produttori puntarono tutto sul fascino di Lon Chaney Jr. che, lanciato con *L'uomo lupo*, si avviava a diventare la nuova star degli horror Universal. La performance dell'attore, però, non bastò a tenere a galla una pellicola che «[...] si muove velocemente su una storia prevedibile facendo ampio uso di sequenze tratte da precedenti film [...]»[26] e che mutò radicalmente il personaggio principale, esaltandone «[...] la potenzialità visiva [...] e al contempo ne impoverisce definitivamente lo spessore drammatico, trasformando il sacerdote divorato dal tormento di Karloff [...] in un killer inarticolato (a Kharis è stata strappata la lingua) e di film in film sempre più macilento. [...]»[27]

Nel 1944 arrivarono, infine, gli altri due capitoli: **L'ombra della mummia** (*The Mummy's Ghost*, Reginald Le Borg) e **La maledizione della mummia** (*The Mummy's Curse*, Leslie Goodwins). Nel primo l'alto sacerdote Andoheb (George Zucco) incarica Yousuf Bey (John Carradine) del recupero della salma della principessa Ananka e della mummia Kharis (Lon Chaney Jr.), ma quando il corpo della principessa finirà in un museo, Andoheb scoprirà che il suo spirito si è reincarnato in una giovane studentessa (Ramsay Ames). Girato a basso costo e sceneggiato ancora una volta da Griffin Jay e Henry Sucher, il film di Le Borg «[...] gioca col soprannaturale, parlando di reincarnazioni e fatali deperimenti fisici. [...]»[28] Il secondo, scritto sempre da Jay e Sucher, riprende esattamente da dove era terminato il primo, con i corpi della principessa Ananka e della mummia Kharis che riemergono dalla palude in cui erano stati gettati, dopo che questa è stata prosciugata. Nonostante il disinteresse di Walsh (Addison Richards) per il ritrovamento, l'assistente dell'archeologo Halsey riesce a riportare in vita la mummia per portare a termine la sua vendetta. La pellicola di Goodwins chiude il ciclo senza apportare sostanziali modifiche al canovaccio già visto e risultando «[...] prevedibile e piuttosto fiacco, senza nemmeno il buon cast che sosteneva i capitoli precedenti. [...]»[29]

Nel 1955, Gianni e Pinotto ci riprovarono in *Il mistero della piramide* (*Abbott e Costello Meet the Mummy*, Charles Lamont) con Eddie Parker nella parte della mummia e i due nostri amici coinvolti in un caso di omicidio. Il film, scritto da John Grant, fu l'ultima parodia della coppia comica che non riuscì a bissare il successo delle precedenti avventure, a causa di una struttura caotica che lo rende «[...] una squinternata farsa che utilizza i soliti e semplici meccanismi della risata che ne hanno sempre contraddistinto l'opera. [...]»[30]

L'UOMO LUPO

Con la strada ormai spianata e il pubblico dalla propria parte, l'Universal proseguì la sua marcia verso mondi ignoti e creature spaventose, portando sugli schermi anche **L'uomo lupo** (*The Wolf Man*), pellicola del 1941 diretta da George Waggner, in cui si riprende il tema della licantropia già trattato nel precedente e sottovalutato *Il segreto del Tibet* di Stuart Walker (con

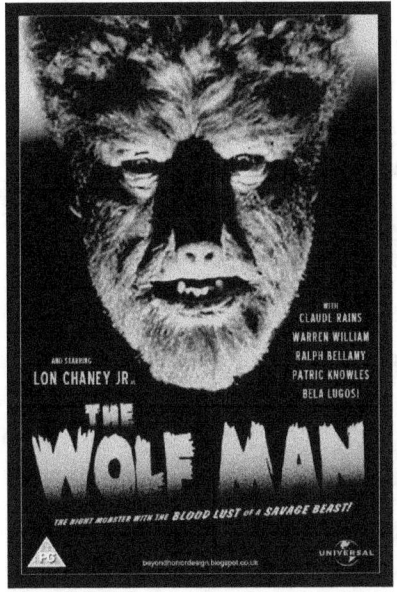

Carl Laemmle jr nelle vesti di produttore) del 1935. Il film vede come protagonista Lon Chaney Jr. nel ruolo di Larry Talbot, una sorta di figliol prodigo, che dopo essere tornato a casa dall'America in seguito alla morte del fratello maggiore, viene ferito da un licantropo nel tentativo di salvare una donna. Scritto da Curt Siodmak, «[...] il film è un'efficace e suggestiva favola nera che riprende i miti folkloristici e li aggiorna umanizzando il "mostro", tanto da renderlo un personaggio psicologicamente "vero" e ricco di pathos [...]»[31], ma è soprattutto «[...] pervaso da un oppressivo senso di inevitabile fatalità, di destino ormai scritto e dal quale è impossibile fuggire: qualità che lo apparentano a pieno titolo ai classici della tragedia greca, nei quali l'uomo è solo un balocco in balia del fato. [...]»³² Uno dei maggiori punti di forza è la suggestiva e inquietante atmosfera, merito della splendida fotografia di Joseph Valentine, che rende densa, quasi palpabile, la nebbia che pervade il bosco e accompagna il vagare smarrito e istintivo di questa mostruosa creatura. Grazie al grande lavoro di make-up di Jack Pierce, lo stesso che aveva truccato Boris Karloff in *Frankenstein*, il licantropo interpretato da Lon Chaney Jr. è una figura mostruosa, quasi rivoltante, ma nello stesso tempo patetica e maledetta, poiché non può sfuggire al suo destino. I suoi movimenti, le sue azioni, ma soprattutto le sue espressioni ci fanno capire come lui stesso sembri rendersi conto di quanto gli sta succedendo e proprio in quel suo muoversi a scatti e curvo su se stesso, sembra lasciarci intendere che il lato animalesco che è presente in tutti noi potrebbe da un momento all'altro prendere il sopravvento, costringendoci ad agire come non vorremmo mai.

Il personaggio dell'Uomo Lupo apparve in altre quattro pellicole: *Frankenstein contro l'Uomo lupo* (vedi il capitolo La creatura di Frankenstein), *Al di là del mistero* (vedi il capitolo La creatura di Frankenstein), *La casa degli orrori* (vedi il capitolo La creatura di Frankenstein) e *Il cervello di Frankenstein* (vedi il capitolo La creatura di Frankenstein).

LE AVVENTURE DELL'UOMO INVISIBILE

Il periodo magico della Universal non si limitò soltanto al genere horror, ma oltrepassò i confini della fantascienza, grazie al ciclo dei film dedicati al personaggio de *L'uomo invisibile*: il primo capitolo fu girato da James Whale nel 1933 e avrebbe dovuto essere interpretato da Boris Karloff che però rifiutò il ruolo per la scarsità di scene in cui sarebbe apparso. L'attore lasciò così spazio a Claude Rains (fino ad allora conosciuto soprattutto in teatro) che vestì i panni del dott. Jack Griffin, uno scienziato che, dopo aver scoperto il modo di rendersi invisibile, viene 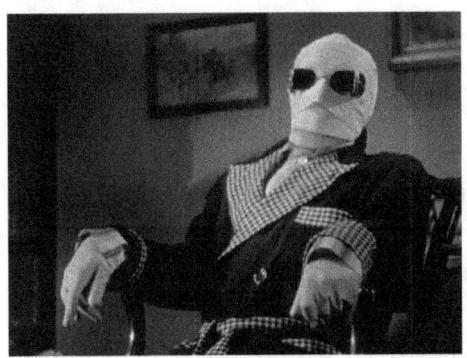 travolto dalle sue stesse manie di onnipotenza. Il film, ispirato al romanzo omonimo di H.G. Wells, ma diversamente da questo molto più incentrato sulla deriva megalomane del protagonista, unisce sapientemente «[...] lo humour tipico di Whale con un'amara e consapevole metafora sul potere assoluto. Cupo e ossessivo, è girato con maestria e si avvale di una grande interpretazione di Claude Rains (1899-1967), che con questo film divenne una star cinematografica (prima era una star teatrale a Londra e successivamente a Broadway), pur avendo il volto praticamente sempre celato. [...]»[33]

Ben presto anche *L'Uomo Invisibile* divenne un'icona cinematografica e così, puntuali, arrivarono i seguiti: nel 1940 un giovane Vincent Price fu il protagonista de **Il ritorno dell'uomo invisibile** (*The Invisible Man Returns*, Joe May), una pellicola che, rispetto alla precedente, «[...] manca della follia dell'originale e anche della grande qualità che James Whale aveva saputo dargli [...]»[34], snodandosi in una vicenda dai toni mesti e dal finale sotto tono. Il protagonista è Goeffy Radcliffe, un condannato a morte per un omicidio che non ha commesso, che si rivolge al fratello dell'uomo invisibile per farsi iniettare il siero e dare la caccia al vero assassino. Il risultato è nettamente inferiore al primo film, nonostante l'impegno del regista che da un lato mostra ottima dimestichezza nel bilanciare in maniera sapiente la commedia con l'*action-drama*, mentre dall'altro prova, purtroppo in maniera infruttuosa, a fare del suo protagonista un nuovo eroe. Vincent Price, agli esordi, non basta, seppur il suo personaggio porti in sé quelli che sarebbero stati, negli anni a venire, i marchi di fabbrica dell'attore americano, in grado, grazie a una voce profonda e affascinante, di rendere magnetica ogni sua interpretazione. Ottimi e, a tratti, superiori al primo film della serie, invece, gli effetti speciali che ci regalano scene suggestive e sorprendenti (almeno all'epoca) come quelle della graduale apparizione della cavia o dello stesso Price.

Nello stesso anno uscì nei cinema anche **La donna invisibile** (*The Invisible Woman*, A. Edward Sutherland) con John Barrymore e Virginia Bruce, in cui un'indossatrice, stanca di subire le angherie del suo capo, decide di sottoporsi a un esperimento per diventare invisibile. La sua nuova condizione le permetterà di prendersi la personale rivincita contro l'uomo e di smantellare una banda di criminali che vorrebbe impadronirsi della macchina dell'invisibilità. Ispirandosi soltanto al prototipo di James Whale, il film di Sutherland «[...] è un filmetto veloce e innocuo che enfatizza l'aspetto leggero e brillante della storia, rivelandosi in sostanza una commediola in cui l'aspetto fantascientifico è un pretesto per creare situazioni divertenti, e quello orrorifico è sostanzialmente assente. [...]»[35]

Dopo *Il ritorno dell'uomo invisibile*, nel 1942 Joe May tornò dietro la macchina da presa per girare ***Joe l'inafferrabile*** (*Invisible Agent*), in cui il protagonista (l'attore Jon Hall) è il nipote del dott. Griffin del primo

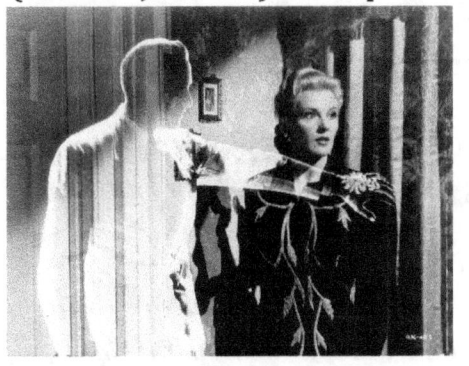

film che, in possesso della formula dell'invisibilità, la utilizzerà per sventare un attacco aereo delle Potenze dell'Asse su New York. Questo quarto capitolo è il più politico della serie, quello che risente maggiormente dell'allora dilagante paura della guerra incombente, e «[...] perde la connotazione ambigua che lo caratterizzava nelle pagine di Wells [...] ed offre le proprie capacità alla nazione in pericolo. L'importante è combattere contro i nemici della patria e il cinema si adegua portando avanti, come può, l'opera di propaganda. [...]»[36]

Nel 1944 uscì ***La rivincita dell'uomo invisibile*** (*The Invisible Man's Revenge*, Ford Beebe*)* in cui il protagonista è ancora Robert Griffin (Jon Hall) che, creduto morto al ritorno da una spedizione in Africa alla ricerca di diamanti, è in realtà finito in un manicomio. Presto, però, l'uomo riuscirà a fuggire e darà la caccia ai compagni di viaggio che nel frattempo si sono arricchiti, dividendosi anche la sua parte del bottino. Rispetto al precedente capitolo, il protagonista stavolta non è l'inventore della formula dell'invisibilità, ma la sfrutta soltanto per i suoi loschi crimini, e il film risulta troppo prevedibile, anche se vivace e ricco di spunti legati soprattutto alla «[...] delirante cattiveria del protagonista che si crede vittima di un torto e forse l'ha subìto davvero. [...]»[37] Beebe tenta di riproporre il felice mix tra commedia e azione del primo film della serie, ma fallisce perché la struttura della sceneggiatura non regge e finisce per annacquare anche i momenti migliori. Ottimo, invece, il lavoro del reparto effetti speciali, in grado di offrirci una delle scene più suggestive dell'intera saga, quando, spruzzato dall'acqua, dal nulla appare il volto di Griffin.

Infine, il ciclo si chiuse con l'immancabile parodia di Gianni e Pinotto: **Gianni e Pinotto contro l'uomo invisibile** (*Abbott and Costello Meet the Invisible Man*, Charles Lamont), dove i due sono una coppia di investigatori privati che dopo aver aiutato un pugile a dimostrare la propria innocenza, dovranno dargli la caccia dopo che l'uomo si è iniettato il siero per diventare invisibile. «[...] La trama è semplice, ma Lou Costello è in buona forma, le gag sono abbastanza riuscite e il divertimento non manca, soprattutto nell'incontro di pugilato durante il quale il comico tondetto si fa aiutare dal pugile invisibile per sovvertire i pronostici. [...]»[38]

IL MOSTRO DELLA LAGUNA NERA

La straordinaria epopea della Universal si chiuse negli anni '50, quando fu lanciata l'ultima icona horror: *Il mostro della laguna nera* (*Creature from the Black Lagoon*, 1954), col quale il regista Jack Arnold, autore anche di *Destinazione... Terra* (*It Came from Outer Space*, 1953), *Tarantula* (*Id.*, 1955) o *Radiazione BX: distruzione uomo* (*The Incredible Shrinking Man*, 1957), diede un'ulteriore e personale interpretazione cinematografica delle tensioni crescenti tra Stati Uniti e Unione Sovietica. Il primo film della saga fu girato nel 1954 e vide come protagonisti lo stuntman Ben Chapman nei panni del mostro "terrestre", e Ricou Browning in quelli del mostro "subacqueo". La pellicola uscì nelle sale cinematografiche il 5 marzo 1954 in 3D e rappresentò uno dei più grandi successi degli anni '50: durante una spedizione di paleontologia lungo il Rio delle Amazzoni, viene rinvenuta una laguna rimasta immutata dalla preistoria, dove si nasconde una creatura metà pesce e metà uomo.

Arnold, come sua consuetudine, affronta il tema del diverso senza additarlo come il nemico, ma seguendo l'esempio del *King Kong* di Schoedsack e Cooper e facendone la «[...] sublimazione intellettiva e morale dell'uomo. [...]»[39] La diversità è, quindi, l'elemento centrale di *Il mostro della Laguna Nera* e viene sviluppata «[...] attraverso una questione di sguardi e di visioni ai confini del mondo, là dove la civiltà umana deve fare i conti con il deserto, le foreste incontaminate, l'acqua profonda: non a caso la sequenza più celebre del film è quella subacquea in cui la creatura osserva la ragazza della spedizione mentre nuota, in un clima di magica sospensione "poetica". [...]»[40] Le intenzioni del regista andarono, però, oltre, nel tentativo di girare per la prima volta un horror "ecologico" e documentaristico, nella speranza di sdoganare un genere che fino ad allora era considerato semplice intrattenimento.

Il successo del film fu talmente straordinario che l'anno successivo Jack Arnold tornò dietro la macchina da presa per girare il seguito, sempre in 3D, **La vendetta del mostro** (*The Revenge of the Creature*), in cui Ben Chapman venne sostituito da Tom Hennesy. Dopo le vicissitudini della prima pellicola, il mostro viene catturato e portato in un acquario della Florida per essere sottoposto ad alcuni esperimenti, ma presto scapperà, nella speranza di coronare il suo sogno d'amore. Il film è «[...] di buona fattura e con qualche scena efficace, ma luoghi comuni e prevedibilità narrativa gli impediscono di essere qualcosa di più. Dal lato della suspense, non giova molto la scelta di far vedere troppo spesso il mostro, anche se talvolta un po' di umorismo serve a dare maggior spessore a tali scene. [...]»[41] Con questa pellicola, Arnold riprende il discorso ecologico e animalista accennato nel primo film e calca ancora di più la mano, soffermandosi «[...] sull'arroganza umana messa a confronto con l'innocenza e la sofferenza della creatura costretta alla prigionia per il divertimento del pubblico pagante. [...]»⁴², e decide anche di rinunciare all'effetto mistero che aveva caratterizzato *Il mostro della laguna nera*, per dar spazio alla creatura che diventa vera protagonista.

La trilogia si chiuse nel 1956 con **Il terrore sul mondo** (*The Creature Walks Among Us*, John Sherwood), in cui la creatura viene ritrovata in fondo a un lago della Florida e trasportata in una prigione subacquea, dove un crudele scienziato la sottoporrà a terribili esperimenti. Il mostro avrà, però, ancora una volta, la forza di ribellarsi. Con ancora Ricou Browning nei panni del mostro "subacqueo" e Don Megowan in quelli del mostro "terrestre" (ambedue stranamente

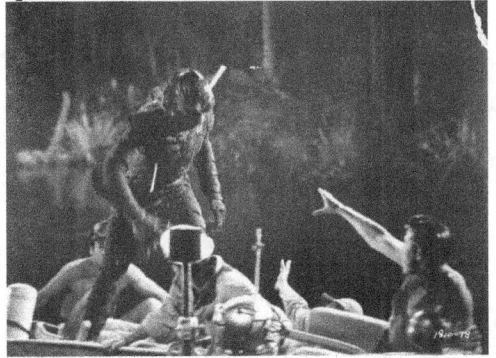

esclusi dai titoli del film), il film di Sherwood punta su «[...] un interessante sviluppo narrativo alla vicenda, evitando le inutili ripetizioni in cui si dilungano i *sequel*

dei nostri giorni. Catturato, costretto alla cattività e trasformato nel fisico, il mostro diventa la vittima della mancanza di scrupoli che alberga nell'uomo, e simbolo della natura primordiale destinata, nonostante la sua forza, a essere violata e a soccombere. [...]»⁴³ Orfano di Arnold, che rifiutò di dirigere questo terzo capitolo, passando la mano al suo assistente, *Il terrore sul mondo* riuscì nel difficile compito di dire qualcosa di nuovo sul personaggio del Mostro, soprattutto rispetto al secondo film, grazie a una storia godibile e originale, penalizzata, purtroppo, dagli scarsi fondi a disposizione. L'obiettivo principale Sherwood è di creare qualcosa di diverso da ciò che si era visto in passato, scegliendo la strada dell'approfondimento scientifico, servendosi della classica figura del *mad doctor* intenzionato a utilizzare il Mostro per i suoi folli esperimenti. Gill-man diventa, così, una figura quasi mitologica, da tragedia greca, da un lato impegnato a difendersi da chi vorrebbe farne una vittima sacrificale per la scienza, dall'altro combattuto tra «[...] la sua nuova condizione che lo rende più mansueto e l'istinto animalesco che si manifesta nel momento in cui viene minacciato, nonché il richiamo della natura dato dall'acqua, ormai territorio ostile alla creatura. [...]»[44]

FILMOGRAFIA

Il fantasma dell'opera: Titolo Originale: *The Phantom of the Opera*; Anno: 1925; Regia: Rupert Julian; Soggetto: Tratto dal romanzo omonimo di Gaston Leroux; Sceneggiatura: Walter Anthony, Elliott J. Clawson, Bernard McConville, Frank M. McCormack, Tom Reed, Raymond L. Schrock, Jasper Spearing e Richard Wallace; Cast: Lon Chaney (The Phantom); Mary Philbin (Christine Daae); Norman Kerry (Visconte Raoul de Chagny); Arthur Edmund Carewe (Ledoux); Gibson Gowland (Simon Buquet); John St. Polis (Comte Philip de Chagny); Snitz Edwards (Florine Papillon); Mary Fabian (Carlotta)

Dracula: Titolo Originale: *Id.*; Anno: 1931; Regia: Tod Browning; Soggetto: Tratto dal romanzo omonimo di Bram Stoker; Sceneggiatura: Hamilton Deane, John L. Balderston, Garrett Fort, Louis Bromfield, Tod Browning, Max Cohen, Dudley Murphy e Louis Stevens; Cast: Bela Lugosi (Conte Dracula); Helen Chandler (Mina); David Manners (John Harker); Dwight Frye (Renfield); Edward Van Sloan (Van Helsing); Herbert Bunston (Doctor Seward); Frances Dade (Lucy); Joan Standing (Maid); Charles K. Gerrard (Martin)

Frankenstein: Titolo Originale: *Id.*; Anno: 1931; Regia: James Whale; Soggetto: Tratto dal romanzo omonimo di Mary Shelley; Sceneggiatura: John L.

Balderston, Peggy Webling, Garrett Fort, Francis Edward Faragoh, Richard Schayer, Robert Florey e John Russell; Cast: Colin Clive (Henry Frankenstein); Mae Clarke (Elizabeth); John Boles (Victor Moritz); Boris Karloff (La Creatura); Edward Van Sloan (Dr. Waldman); Frederick Kerr (Barone Frankenstein); Dwight Frye (Fritz); Lionel Belmore (Il Borgomastro); Marilyn Harris (Maria)

La mummia: Titolo Originale: *The Mummy*; Anno: 1932; Regia: Karl Freund; Soggetto e Sceneggiatura: Nina Wilcox Putnam, Richard Schayer e John L. Balderston; Cast: Boris Karloff (Imhotep); Zita Johann (Helen Grosvenor); David Manners (Frank Whemple); Arthur Byron (Sir Joseph Whemple); Edward Van Sloan (Dr. Muller); Bramwell Fletcher (Ralph Norton); Noble Johnson (The Nubian); Kathryn Byron (Frau Muller); Leonard Mudie (Prof. Pearson)

L'uomo invisibile: Titolo Originale: *The Invisible Man*; Anno: 1933; Regia: James Whale; Soggetto: Tratto dall'omonima novella di H.G. Wells; Sceneggiatura: R.C. Sherriff, Preston Sturges e Philip Wylie; Cast: Claude Rains (L'uomo invisibile); Gloria Stuart (Flora Cranley); William Harrigan (Dr. Arthur Kemp); Henry Travers (Dr. Cranley); Una O'Connor (Jenny Hall); Forrester Harvey (Herbert Hall); Holmes Herbert (Capo della Polizia); E.E. Clive (Const. Jaffers); Dudley Digges (Detective Capo); Harry Stubbs (Ispettore Bird); Donald Stuart (Ispettore Lane); Merle Tottenham (Millie)

La moglie di Frankenstein: Titolo Originale: *Bride of Frankenstein*; Anno: 1935; Regia: James Whale; Soggetto: Tratto dal romanzo *Frankenstein* di Mary Shelley; Sceneggiatura: William Hurlbut, John L. Balderston, William Hurlbut, Josef Berne, Lawrence G. Blochman, Morton Covan, Robert Florey, Philip MacDonald, Edmund Pearson, Tom Reed e R.C. Sherriff; Cast: Boris Karloff (La Creatura); Colin Clive (Henry Frankenstein); Valerie Hobson (Elizabeth); Ernest Thesiger (Doctor Pretorius); Elsa Lanchester (Mary Wollstonecraft Shelley); Gavin Gordon (Lord Byron); Douglas Walton (Percy Bysshe Shelley); Una O'Connor (Minnie); E.E. Clive (Borgomastro); Lucien Prival (Butler)

La figlia di Dracula: Titolo Originale: *Dracula's Daughter*; Anno: 1936; Regia: Lambert Hillyer; Soggetto: Tratto dal romanzo *Dracula* di Bram Stoker; Sceneggiatura: Garrett Fort, David O. Selznick, John L. Balderston, Charles Belden, Finley Peter Dunne, Kurt Neumann e R.C. Sherriff; Cast: Otto Kruger (Jeffrey Garth); Gloria Holden (Contessa Marya Zeleska); Marguerite Churchill (Janet); Edward Van Sloan (Prof. Von Helsing); Gilbert Emery (Sir Basil Humphrey); Irving Pichel (Sandor); Halliwell Hobbes (Hawkins); Billy Bevan (Albert); Nan Grey (Lili)

Il figlio di Frankenstein: Titolo Originale: *Son of Frankenstein*; Anno: 1939; Regia: Rowland V. Lee; Soggetto: Tratto dal romanzo *Frankenstein* di Mary Shelley; Sceneggiatura: Wyllis Cooper; Cast: Basil Rathbone (Barone Wolf von Frankenstein); Boris Karloff (La Creatura); Bela Lugosi (Ygor); Lionel Atwill

(Krogh); Josephine Hutchinson (Elsa von Frankenstein); Donnie Dunagan (Peter von Frankenstein); Emma Dunn (Amelia); Edgar Norton (Benson); Perry Ivins (Fritz); Lawrence Grant (Borgomastro)

La mano della mummia: Titolo Originale: *The Mummy's Hand*; Anno: 1940; Regia: Christy Cabanne; Soggetto: Griffin Jay; Sceneggiatura: Griffin Jay, Maxwell Shane, John L. Balderston, Ben Pivar, Nina Wilcox Putnam e Richard Schayer; Cast: Dick Foran (Steve Banning); Peggy Moran (Marta Solvani); Wallace Ford (Babe Jenson); Eduardo Ciannelli (The High Priest); George Zucco (Professor Andoheb); Cecil Kellaway (The Great Solvani); Charles Trowbridge (Dr. Petrie); Tom Tyler (Kharis); Sig Arno (The Beggar)

Il ritorno dell'uomo invisibile: Titolo Originale: *The Invisible Man Returns*; Anno: 1940; Regia: Joe May; Soggetto: Tratto dalla novella *L'uomo invisibile* di H.G. Wells; Sceneggiatura: Joe May, Curt Siodmak, Lester Cole e Cedric Belfrage; Cast: Cedric Hardwicke (Richard Cobb); Vincent Price (Geoffrey Radcliffe); Nan Grey (Helen Manson); John Sutton (Doctor Frank Griffin); Cecil Kellaway (Ispettore Sampson di Scotland Yard); Alan Napier (Willie Spears); Forrester Harvey (Ben Jenkins)

La donna invisibile: Titolo Originale: *The Invisible Woman*; Anno: 1940; Regia: A. Edward Sutherland; Soggetto: Joe May, Curt Siodmak; Sceneggiatura: Robert Lees, Frederic I. Rinaldo e Gertrude Purcell; Cast: Virginia Bruce (Kitty Carroll); John Barrymore

(Professor Gibbs); John Howard (Richard Russell); Charles Ruggles (George); Oskar Homolka (Blackie); Edward Brophy (Bill); Donald MacBride (Foghorn); Margaret Hamilton (Mrs. Jackson)

L'uomo lupo: Titolo Originale: *The Wolf Man*; Anno: 1941; Regia: George Waggner; Soggetto e Sceneggiatura: Curt Siodmak; Cast: Lon Chaney Jr. (L'uomo lupo); Claude Rains (Sir John Talbot); Ralph Bellamy (Col. Montford); Warren William (Dr. Lloyd); Patric Knowles (Frank Andrews); Bela Lugosi (Bela); Maria Ouspenskaya (Maleva); Evelyn Ankers (Gwen Conliffe); Fay Helm (Jenny Williams); J.M. Kerrigan (Charles Conliffe); Forrester Harvey (Twiddle)

La tomba della mummia: Titolo Originale: *The Mummy's Tomb*; Anno: 1942; Regia: Harold Young; Soggetto: Neil P. Varnick; Sceneggiatura: Griffin Jay e Henry Sucher; Cast: Dick Foran (Stephen Banning); John Hubbard (Dr. John Banning); Elyse Knox (Isobel Evans); George Zucco (Andoheb); Wallace Ford (Babè Hanson); Turhan Bey (Mehemet Bey); Virginia Brissac (Mrs. Ella Evans); Cliff Clark (Sceriffo); Mary Gordon (Jane Banning); Paul E. Burns (Jim, the Caretaker); Frank Reicher (Professor Matthew Norman); Emmett Vogan (Coroner); Lon Chaney Jr. (Kharis, la mummia)

Il terrore di Frankenstein: Titolo Originale: *The Ghost of Frankenstein*; Anno: 1942; Regia: Erle C. Kenton; Soggetto: Tratto dal romanzo *Frankenstein* di Mary Shelley; Sceneggiatura: Scott Darling e Eric Taylor; Cast: Lon Chaney Jr. (La Creatura); Cedric Hardwicke (Ludwig Frankenstein); Ralph Bellamy

(Erik); Lionel Atwill (Dottor Bohmer); Bela Lugosi (Ygor); Evelyn Ankers (Elsa Frankenstein); Janet Ann Gallow (Cloestine); Barton Yarborough (Dr. Kettering); Doris Lloyd (Martha)

Joe l'inafferrabile: Titolo Originale: *Invisible Agent*; Anno: 1942; Regia: Edwin L. Marin; Soggetto: Tratto dalla novella *L'uomo invisibile* di H.G. Wells; Sceneggiatura: Curt Siodmak; Cast: Ilona Massey (Maria Sorenson); Jon Hall (Frank Raymond); Peter Lorre (Barone Ikito); Cedric Hardwicke (Conrad Stauffer); J. Edward Bromberg (Karl Heiser); Albert Bassermann (Arnold Schmidt); John Litel (John Gardiner); Holmes Herbert (Sir Alfred Spencer); Keye Luke (Surgeon)

Frankenstein contro l'uomo lupo: Titolo Originale: *Frankenstein Meets the Wolf Man*; Anno: 1943; Regia: Roy William Neill; Soggetto e Sceneggiatura: Curt Siodmak; Cast: Ilona Massey (Baronessa Elsa Frankenstein); Patric Knowles (Dr. Mannering); Lionel Atwill (Mayor); Bela Lugosi (La Creatura); Maria Ouspenskaya (Maleva); Dennis Hoey (Ispettore Owen); Don Barclay (Franzec); Rex Evans (Vazec); Dwight Frye (Rudi); Harry Stubbs (Guno)

Il figlio di Dracula: Titolo Originale: *Son of Dracula*; Anno: 1943; Regia: Robert Siodmak; Soggetto: Tratto dal romanzo *Dracula* di Bram Stoker; Sceneggiatura Eric Taylor e Curt Siodmak; Cast: Robert Paige (Frank Stanley); Louise Allbritton (Katherine Caldwell); Evelyn Ankers (Claire Caldwell); Frank Craven (Dr. Harry Brewster); J. Edward Bromberg (Prof. Lazlo);

Samuel S. Hinds (Judge Simmons); Adeline De Walt Reynolds (Madame Zimba);   Pat Moriarity (Sceriffo Dawes); Etta McDaniel (Sarah); George Irving (Col. Caldwell); Lon Chaney Jr. (Conte Dracula)

Al di là del mistero: Titolo Originale: *House of Frankenstein*; Anno: 1944; Regia: Erle C. Kenton; Soggetto e Sceneggiatura: Edward T. Lowe Jr. e Curt Siodmak; Cast: Boris Karloff (Dottor Niemann); Lon Chaney Jr. (Larry Talbot); John Carradine (Conte Dracula); Anne Gwynne (Rita); Peter Coe (Carl Hussman); Lionel Atwill (Arnz); George Zucco (Lampini); Elena Verdugo (Ilonka)

L'ombra della mummia: Titolo Originale: *The Mummy's Ghost*; Anno: 1944; Regia: Reginald Le Borg; Soggetto: Griffin Jay e Henry Sucher; Sceneggiatura: Griffin Jay, Henry Sucher e Brenda Weisberg; Cast: Lon Chaney Jr. (Kharis); John Carradine (Yousef Bey); Robert Lowery (Tom Hervey); Ramsay Ames (Amina Mansouri/Ananka); Barton MacLane (Ispettore Walgreen); George Zucco (Andoheb); Frank Reicher (Prof. Matthew Norman); Harry Shannon (Sceriffo Elwood); Emmett Vogan (Coroner); Lester Sharpe (Dr. Ayad); Claire Whitney (Mrs. Ella Norman)

La maledizione della mummia: Titolo Originale: *The Mummy's Curse*; Anno: 1944; Regia: Leslie Goodwins; Soggetto: Leon Abrams e Dwight V. Babcock; Sceneggiatura: Bernard Schubert, Leon Abrams, Dwight V. Babcock, Oliver Drake e Ted Richmond; Cast: Lon Chaney Jr. (Kharis, la mummia); Peter Coe (Dr. Ilzor Zandaab); Virginia Christine

(Princess Ananka); Kay Harding (Betty); Dennis Moore (Dr. James Halsey); Martin Kosleck (Ragheb); Kurt Katch (Cajun Joe); Addison Richards (Maggiore Pat Walsh); Holmes Herbert (Dr. Cooper); Charles Stevens (Achilles); William Farnum (Sacristan); Napoleon Simpson (Goobie)

La rivincita dell'uomo invisibile: Titolo Originale: *The Invisible Man's Revenge*; Anno: 1944; Regia: Ford Beebe; Soggetto: Tratto dalla novella *L'uomo invisibile* di H.G. Wells; Sceneggiatura: Bertram Millhauser; Cast: Jon Hall (Robert Griffin); Leon Errol (Herbert); John Carradine (Dottor Drury); Alan Curtis (Mark Foster); Evelyn Ankers (Julie Herrick); Gale Sondergaard (Irene/Lady Herrick); Lester Matthews (Sir Jasper Herrick); Halliwell Hobbes (Cleghorn); Leyland Hodgson (Sir Frederick Travers); Doris Lloyd (Maud); Ian Wolfe (Feeney); Billy Bevan (Sergente); Grey Shadow (Grey Shadow)

La casa degli orrori: Titolo Originale: *House of Dracula*; Anno: 1945; Regia: Erle C. Kenton; Soggetto e Sceneggiatura: Edward T. Lowe Jr., Dwight V. Babcock e George Bricker; Cast: Lon Chaney Jr. (Larry Talbot/L'uomo lupo); John Carradine (Conte Dracula); Martha O'Driscoll (Miliza Morelle); Lionel Atwill (Ispettore Holtz); Onslow Stevens (Dr. Franz Edelmann); Jane Adams (Nina); Ludwig Stössel (Siegfried); Glenn Strange (La Creatura); Skelton Knaggs (Steinmuhl)

Il cervello di Frankenstein: Titolo Originale: *Bud Abbott Lou Costello Meet Frankenstein*; Anno: 1948;

Regia: Charles Barton; Soggetto e Sceneggiatura: Robert Lees, Frederic I. Rinaldo, John Grant; Cast: Bud Abbott (Chick); Lou Costello (Wilbur); Lon Chaney Jr. (Larry Talbot); Bela Lugosi (Conte Dracula); Glenn Strange (La Creatura); Lenore Aubert (Sandra Mornay); Jane Randolph (Joan Raymond); Frank Ferguson (Mr. McDougal);   Charles Bradstreet (Dr. Stevens)

Gianni e Pinotto contro l'uomo invisibile: Titolo Originale: *Abbott and Costello Meet the Invisible Man*; Anno: 1951; Regia: Charles Lamont; Soggetto: Hugh Wedlock Jr. e Howard Snyder; Sceneggiatura: Robert Lees, Frederic I. Rinaldo e John Grant; Cast: Bud Abbott (Bud Alexander); Lou Costello (Lou Francis); Nancy Guild (Helen Gray); Arthur Franz (Tommy Nelson); Adele Jergens (Boots Marsden); Sheldon Leonard (Boots Morgan); William Frawley (Det. Roberts); Gavin Muir (Dr. Philip Gray); Sam Balter (Annunciatore Radio); John Daheim (Rocky Hanlon); Paul Maxey (Dr. James C. Turner)

Il mistero della Piramide: Titolo Originale: *Abbott and Costello Meet the Mummy*; Anno: 1955; Regia: Charles Lamont; Soggetto: Lee Loeb; Sceneggiatura: John Grant; Cast: Bud Abbott (Pete Patterson); Lou Costello (Freddie Franklin); Marie Windsor (Madame Rontru); Michael Ansara (Charlie); Dan Seymour (Josef); Richard Deacon (Semu); Kurt Katch (Dr. Gustav Zoomer); Richard Karlan (Hetsut); Mel Welles (Iben); George Khoury (Habid); Eddie Parker (Klaris, la mummia)

BIBLIOGRAFIA E SITOGRAFIA

Storia del cinema dell'orrore Vol. 1 – Dalle origini al 1957, Teo Mora, Fanucci, 2001

Ciak si trema – Guida al cinema horror, Daniela Catelli, Costa & Nolan, 2007

Storia del cinema horror in cento film, Renato Venturelli, Le Mani, 2010

Il cinema dei mostri, Andrea Ferrari, Mondadori, 2003

*Dizionario dei film horror – Dall'*Abbraccio del ragno *a* Zora la vampira, Rudy Salvagnini, Corte del Fontego, 2011

www.imdb.com

www.fantafilm.net

www.mymovies.it

www.horror.it

simonestarace.blogspot.it

www.filmhorror.com

www.horrormovie.it

NOTE

[1] Teo Mora, *Storia del cinema dell'orrore - Vol. 1*, Fanucci, p. 111

[2] *Ibidem*

[3] Daniela Catelli, *Ciak si trema – Guida al cinema horror*, Costa & Nolan, p. 178

[4] Rudy Salvagnini, *Dizionario dei film horror – Dall'abbraccio del ragno a Zora la vampira*, Corte del Fontego, p. 277

[5] Andrea Ferrari, *Il cinema dei mostri*, Mondadori, p. 22

[6] Rudy Salvagnini, *Dizionario dei film horror – Dall'abbraccio del ragno a Zora la vampira*, Corte del Fontego, p. 320

[7] *Ibidem*, 323

[8] Andrea Ferrari, *Il cinema dei mostri*, Mondadori, p. 23

[9] Simone Starace, *Il figlio di Dracula*, simonestarace.blogspot.it, URL consultata in data 15.06.2015

[10] Andrea Ferrari, *Il cinema dei mostri*, Mondadori, pp. 31-32

[11] Rudy Salvagnini, *Dizionario dei film horror – Dall'abbraccio del ragno a Zora la vampira*, Corte del Fontego, p. 335

[12] Renato Venturelli, *Storia del cinema horror in cento film*, Le Mani, p. 70

[13] Andrea Ferrari, *Il cinema dei mostri*, Mondadori, p. 32

[14] Rudy Salvagnini, *Dizionario dei film horror – Dall'abbraccio del ragno a Zora la vampira*, Corte del Fontego, p. 561

[15] Andrea Ferrari, *Il cinema dei mostri*, Mondadori, p. 32

[16] Rudy Salvagnini, *Dizionario dei film horror – Dall'abbraccio del ragno a Zora la vampira*, Corte del Fontego, p. 324

[17] *Ibidem*, p. 880

[18] *Ib.*

[19] *Ib.*, p. 336

[20] Brano tratto dal sito *Fantafilm – Cento anni di cinema di fantascienza*, www.fantafilm.net, URL consultata in data 16.06.2015

[21] Rudy Salvagnini, *Dizionario dei film horror – Dall'abbraccio del ragno a Zora la vampira*, Corte del Fontego, p. 15

[22] *Ibidem*, p. 146

[23] Brano tratto dal sito *Fantafilm – Cento anni di cinema di fantascienza*, www.fantafilm.net, URL consultata in data 15.06.2015

[24] Renato Venturelli, *Storia del cinema horror in cento film*, Le Mani, p. 62

[25] Rudy Salvagnini, *Dizionario dei film horror – Dall'abbraccio del ragno a Zora la vampira*, Corte del Fontego, p. 586

[26] *Ibidem*, p. 589

[27] Andrea Ferrari, *Il cinema dei mostri*, Mondadori, p. 59

[28] Brano tratto dal sito *Fantafilm – Cento anni di cinema di fantascienza*, www.fantafilm.net, URL consultata in data 15.06.2015

[29] Rudy Salvagnini, *Dizionario dei film horror – Dall'abbraccio del ragno a Zora la vampira*, Corte del Fontego, p. 588

[30] *Ibidem*, p. 558

[31] *Ib.*, p. 933

[32] Andrea Ferrari, *Il cinema dei mostri*, Mondadori, p. 87

[33] Rudy Salvagnini, *Dizionario dei film horror – Dall'abbraccio del ragno a Zora la vampira*, Corte del Fontego, p. 932

[34] *Ibidem*, pp. 757-758

[35] *Ib.*, p. 268

[36] Brano tratto dal sito *Fantafilm – Cento anni di cinema di fantascienza*, www.fantafilm.net, URL consultata in data 17.06.2015

[37] Rudy Salvagnini, *Dizionario dei film horror – Dall'abbraccio del ragno a Zora la vampira*, Corte del Fontego, p. 760

[38] *Ibidem*, p. 357

[39] Renato Venturelli, *Storia del cinema horror in cento film*, Le Mani, p. 89

[40] *Ibidem*

[41] Rudy Salvagnini, *Dizionario dei film horror – Dall'abbraccio del ragno a Zora la vampira*, Corte del Fontego, p. 952

[42] Francesco Cortonesi, *La vendetta del mostro*, www.filmhorror.com, URL consultata in data 16.06.2015

[43] Rudy Salvagnini, *Dizionario dei film horror – Dall'abbraccio del ragno a Zora la vampira*, Corte del Fontego, p. 884

[44] Roberto Giacomelli, *Il terrore sul mondo*, www.horrormovie.it, URL consultata in data 16.06.2015

www.ingramcontent.com/pod-product-compliance
Lightning Source LLC
Chambersburg PA
CBHW070403190526
45169CB00003B/1088